복음적이고 유머있는

새가족 공부

김병수 지음

KB205894

도서출판 카리타스

복음적이고 유머있는

새가족 공부(증보판)

초　판 1쇄 2022. 6. 30
증보판 1쇄 2023. 10. 31
지은이 김병수
펴낸이 박수정
출판 도서출판 카리타스
주소 부산광역시 동구 중앙대로 298 부산 YWCA 303호
전화 051)462-5495
홈페이지 www.enkorea.kr
등록번호 제 3 -114호

ISBN 978-89-97087-73-0

구입문의 051)322-4701~2

목차

| 서문 |

새가족은 기도와 전도의 열매이며 하나님의 선물입니다.

처음 온 새가족이 교회에 잘 적응하도록 사랑과 관심으로 잘 보살펴서 온전하게 교회에 정착할 수 있게 도와야 하겠지요. 그러기 위해서는 어떻게 해야 할까요?

새가족의 눈높이에 잘 맞추어야 합니다.

[유머]

어느 경상도 할머니가 서울 딸네 집에 다니러 가서 서울 택시를 처음 탔는데 기사가 친절하게 인사를 합니다.

"할머니, 안녕하세요? 어서 오세요!"

할머니가 너무 기분이 좋았습니다. 문을 닫고 출발하려고 하는데 기사가 묻습니다.

"할머니, 어디 가시나요?"

이 말을 잘못 듣고 경상도 할매가 성이 나서 소리쳤습니다.

"와? 갱상도 가시나다. 어쩔래?"

서울기사 양반은 당황했습니다.

"할머니! 왜, 성을 내시고 그러세요?"

"야 이눔아, 젊은 게 늙은이 보고 '가시나' 라 카니 화 안 나게 생겼나?"

"저가 언제 '가시나' 라고 했나요, '어디 가시나요?' 라고 했지요."

"니가 방금 또 그리 카네!"

차가 출발도 못한 채 싸우고 있었습니다. 누구 잘못입니까?

그 다음에 할머니가 또 택시를 탔는데 기본요금이 천 원일 때 요금이 이천 원이 나왔습니다. 그런데 할머니가 천 원만 내는 거예요.

"할머니, 요금이 이천 원 나왔는데 천 원만 주시면 어떡해요!"

"내가 첨 부터 다 봤다 아이가! 처음부터 미터기에 천원이 돼 있대! 누굴 속일라구! 어림도 업재?"

할머니가 기본요금의 개념을 모르는 것입니다.

또 할머니가 택시를 탔는데 요금이 이천 원이 나왔어요. 그런데 이번에도 할머니가 용감하게 천 원만 내는 겁니다.

"할머니, 요금이 이천 원이 나왔는데 왜 천 원만 주세요?"

"니캉 내캉 같이 안탔나!"

택시를 몇 번 타면서 할머니가 합승에 대해 알기는 했는데 잘 못 이해한 것입니다.

누구 잘못입니까? 할머니 잘못도, 기사 잘못도 아닙니다. 의사 소통(커뮤니케이션)이 잘 안 된 것입니다.

이때 택시 기사는 어떻게 해야 합니까?

"이 무식한 경상도 할머니 같으니라구! 파출소 갑시다! 경찰서에 잡혀갈래요?"라며 윽박질러야 하겠습니까?

서울 택시 기사답게 친절하게 설명해야 하지 않겠습니까? 어쩌면 천원을 손해 보더라도 "다음부턴 그러지 마세요!"라고 하며 잘 이해시켜야 하지 않겠습니까?

＊새가족에게도 마찬가지라고 생각됩니다. 처음 교회에 나온 새가족들은 자기 생각으로 가득 차 있으며 교회에 대해서 잘못 이해하고 있는 경우가 많습니다. 이때 무식하다고 윽박지르기보다 그 사람의 눈높이에 맞추어서 설명하고 이해시켜야 하지 않겠습니까? 성육신은 '하나님의 눈높이 구원역사'라고 할 수 있습니다.(요한복음 1:14,18)

"너희도 마음을 넓히라"(고린도후서 6:13)

복음적이고 재미있게 공부하도록 해야 합니다.

딱딱하고 교리적인 설명보다도 재미있는 복음적인 이야기가 감동을 줍니다. 복음이 생명을 살립니다. 예수님이 복음의 핵심입니다.

교리적으로 이해시키기보다 재미있고 흥미 있게 가르치는 것이 효과적입니다. 지식적인 말씀도 필요하지만 새가족의 삶의 현장에 적용되는 실제적인 말씀이 마음에 와닿게 됩니다.

본 새가족 공부는 각 과마다 유머로 웃음을 주면서 복음을 잘이해시켜 주려고 했습니다.

복음적이고 유머있는

새가족 공부

1과
하나님

제 1과
눈에 보이지 않는 하나님을
어떻게 믿을 수 있나요?

1) 눈에 보이지 않는다고 존재하지 않는 것이 아닙니다.

* 정말 중요한 것들은 눈에 보이지 않는 것이 많습니다.

예] 공기, 산소, 세균, 바람, 어머니의 마음, 악령.

눈에 보이지 않지만 느낌으로 아는 것이며 또한 내가 보지 못했지만 책이나, 혹은 들어서 알 수 있는 것입니다.

예] 세상 종교는 눈에 보이는 우상을 만들어서 그 앞에 절하고 기도합니다.

이것은 헛된 일이며 결국은 그 배후에서 역사하는 귀신을 섬기는 것입니다.

귀신을 섬기면 헛된 삶을 살다가 귀신들이 가는 지옥에 가서 영원히 형벌을 받게 됩니다.

* 하나님은 영이시기 때문에 육신의 눈으로 보는 것이 아니라

영적 느낌으로 알 수 있는 것입니다.

"하나님은 영이시니 예배하는 자가 영과 진리로 예
배할지니라." (요한복음 4:24)

* 만약 눈에 보인다면 진짜 하나님이 될 수가 없습니다.

슈퍼맨이나 원더우먼, 스파이더맨은 한계가 있습니다.

전 세계, 각 나라에 동시에 임하시고 역사하시는 하나님은 시공
간을 초월하시고 우주를 초월해 계시는 분이시기 때문입니다.

[유머]

인디언 부족에서 제일 높은 사람은 누구인가요?

'추장' 이지요.

추장보다 높은 것이 있습니다. "고추장!"

고추장보다 높은 것이 있습니다. "초고추장!" '

초고추장보다 높은 것이 있습니다.

"태양초 고추장!"

태양초고추장보다 높은 것이 있습니다. 뭘까요?

고추를 자라게 하는 '태양' 입니다.

태양보다 높으신 분은 누구일까요?

"태양을 만드신 하나님!"

* 우리는 추장보다, 태양보다 비교할 수 없을 정도로 높으신 하나님 앞에서 예배를 드립니다. 하나님만이 천지와 그 가운데 만물을 창조하신 분이시고 최고로 높으신 분이십니다. 우주를 초월해 계시고 지극히 높으신 하나님을 우리는 예배를 통해서 친근히 만날 수 있습니다. 위대하신 하나님을 찬양하고 경배할 때 놀라운 은혜와 축복을 받습니다.

2) 하나님은 창조주(조물주)이십니다.

* **이 세상과 우주 만물은 저절로 생긴 것이 아니라**
   창조주 하나님이 창조하심으로 존재하게 되었습니다.
   "태초에 하나님이 천지를 창조하시니라."

(창세기 1:1)

* **무에서 유를 창조하신 하나님께서 지금도**
   우주와 천지 만물을 다스리며 운행하고 계십니다.
예] 태양과 지구와의 거리는 일정합니다.
   만약에 태양과 지구의 거리가 조금만 더 가깝거나
   멀어지면 지구의 생명체는 타버리거나 얼어 죽을
   것입니다.

"오직 주는 여호와시라. 하늘과 하늘들의 하늘과 일월 성신과 땅과 땅 위의 만물과 바다와 그 가운데 모든 것을 지으시고 다 보존하시오니 모든 천군이 주께 경배하나이다." (느헤미야 9:6)

* **인간은 원숭이가 진화된 것이 아니라 하나님께서 그의 형상으로 만드셨습니다.**

    "하나님이 자기 형상 곧 하나님의 형상대로 사람을 창조하시되 남자와 여자를 창조하시고"(창세기 1:2)
    "여호와 하나님이 땅의 흙으로 사람을 지으시고 생기를 그 코에 불어넣으시니 사람이 생령이 되니라."(창세기 1:27)

* **하나님의 창조물인 인간은 하나님을 힘입어 살며 움직이는 존재입니다.**

    "우주와 그 가운데 있는 만물을 지으신 하나님께서는 천지의 주재시니 손으로 지은 전에 계시지 아니하시고, 또 무엇이 부족한 것처럼 사람의 손으로 섬김을 받으시는 것이 아니니 이는 만민에게 생명과 호흡과 만물을 친히 주시는 이심이라."

    (사도행전 17:24,25)

"우리가 그를 힘입어 살며 기동하며 존재하느니라."(사도행전 17:28)

3) 하나님은 인간과 역사의 주관자

* 세계 역사는 우연히 흘러가는 것이 아니라 하나님의 섭리 속에서 이루어져 가고 있습니다.

하나님은 우리의 삶의 주인이십니다. 하나님은 우리의 가정과 생업, 그리고 우리 인생의 주권자가 되십니다. 우리 인생의 운전대를 하나님께 맡기고, 하나님의 주권을 인정하면서 사는 겸손하고 신실한 하나님의 백성이 되어야 합니다.

여러분! 하나님은 온 우주 만물의 주인이시며, 인류 역사의 주권자이십니다. 우리의 모든 인생은 하나님의 손에 달려 있습니다. 그래서 우리는 무엇을 하든지, 전능하신 하나님께 믿음과 순종으로 나가야 합니다. 우리 가정과 자녀도, 생업과 교회도 모두 하나님 손안에 있습니다.

"여호와께서 집을 세우지 아니하시면 세우는 자의 수고가 헛되며 여호와께서 성을 지키지 아니하시

면 파수꾼의 깨어 있음이 헛되도다."(시편 127:1)

"너희가 일찍이 일어나고 늦게 누우며 수고의 떡을 먹음이 헛되도다. 그러므로 여호와께서 그의 사랑하시는 자에게는 잠을 주시는 도다."(시편 127:2)

[예화] 태어나 처음으로 비행기를 타보는 어린 소녀가 있었습니다. 비행기에서 내려다보는 창공은 신기하고 놀라운 광경이었고 여행으로 마음은 들떠 있었습니다. 그런데 여행 도중 비행기가 갑자기 공중에서 심하게 요동을 쳤습니다.

그러나 이상하게도 비행기가 심하게 요동할 때마다 맨 앞 좌석에 앉아 있던 소녀는 별로 놀라지도 않고 오히려 재미있다는 듯한 표정이었습니다. 다른 승객들과는 전혀 달랐습니다. 얼마 뒤에 비행기가 다시 안정권 안으로 들어온 뒤 옆에 있던 손님이 소녀에게 이상스럽다는 듯이 물었습니다. "애야, 너는 비행기가 진동하며 무서운 속도로 떨어질 때 무섭지 않더냐?"

"아뇨, 전혀 무섭지 않았어요."

"우리는 모두 두려웠는데 너는 왜 무섭지 않았지?"

"그건요, 우리 아빠가 이 비행기를 조종하고 있거든요. 저는 우리 아빠를 믿습니다."

어린 소녀는 위급한 상황 속에서도, 모든 사람이 두려워하는 가운데서도 비행기 조종사인 그녀의 아버지를 끝까지 신뢰하며 두려워하지 않았습니다.

우리의 인생의 조종사는 살아계신 하나님 아버지이십니다. 그분이 우리와 함께라면 어떤 상황에서도 안전합니다. 우리는 언제나 하나님을 신뢰하고 그분께 우리의 인생을 맡겨야 합니다.

* **하나님은 인간의 빈부귀천을 주관하십니다.**

   "여호와는 가난하게도 하시고 부하게도 하시며 낮추기도 하시고 높이기도 하시는 도다."

   (사무엘상 2:7)

복음적이고 유머있는

새가족 공부

2과
예수님

제 2 과
왜 예수님을 믿어야만 구원받나요?

1) 예수님 외에는 구원받는 길이 없습니다.

> "다른 이로써는 구원을 받을 수 없나니 천하 사람 중에 구원을 받을 만한 다른 이름을 우리에게 주신 일이 없음이라 하였더라."(사도행전 4:12)

* 예수님만이 구세주(구주, 구원자)이십니다.

> "아버지가 아들을 세상의 구주로 보내신 것을 우리가 보았고 또 증언하노니"(요한1서 4:14)

* 예수님만이 자기 백성을 죄에서 구원하셨습니다.

> "아들을 낳으리니 이름을 예수라 하라. 이는 그가 자기 백성을 그들의 죄에서 구원할 자이심이라 하니라."(마태복음 1:21)

* 예수님만이 십자가에서 죽으셨습니다.

"사람의 모양으로 나타나사 자기를 낮추시고 죽기

까지 복종하셨으니 곧 십자가에 죽으심이라."

(빌립보서 2:8)

교회 십자가가 왜 붉은색일까요?

우리 죄짐을 대신 지시고 십자가에서 죽으시면서 흘리신 피(보혈)을 의미합니다.

왜, 자존심 상하게 회개하라고 하실까요?

꾸중하시거나 벌주시기 위해서가 아니라 용서해 주시기 위해서입니다.

"그 아들 예수의 피가 우리를 모든 죄에서 깨끗하

게 하실 것이요."(요일 1:7)

예수님 십자가 피를 믿고 회개하므로 죄 사함 받아 죄에서 자유함을 얻어야 합니다.

2) 예수님은 인생의 무거운 짐을 다 지셨습니다.

"수고하고 무거운 짐 진 자들아 다 내게로 오라 내
가 너희를 쉬게 하리라"(마11:28)

* 인생의 짐 : 염려, 고통, 질병, 가정, 직장, 사업, 자녀, 부모.
* 제일 무거운 짐 : 죄의 짐
    * 예수님이 이땅에 오신 것은 우리의 연약한 것을
    친히 담당하시고 병을 짊어지시기 위함이셨다.

(마태복음 8:17)

3) 예수님을 영접하여 하나님의 자녀의 권세를 얻어야 합니다.

"영접하는 자 곧 그 이름을 믿는 자들에게는 하나
님의 자녀가 되는 권세를 주셨으니"

(요한복음 1:12)

* **왕이나 대통령의 자녀에게도 특권이 있습니다.**
하물며 만왕의 왕이신 하나님의 자녀가 된다는 것은 대단한 특

권을 누리는 것입니다.

예] 똑똑한 주일 학생의 질문 : 예수님은 어른이신데 어떻게 내
뱃속에 들어오실 수가 있나요?

예수님이 성령님으로 우리 마음속에 들어오시는 것입니다.

"볼지어다 내가 문 밖에 서서 두드리노니 누구든지
내 음성을 듣고 문을 열면 내가 그에게로 들어가 그
와 더불어 먹고 그는 나와 더불어 먹으리라"

(요한계시록 3:20)

지금 이 시간 예수님이
우리의 마음 문을 노크하
십니다.

나 자신이 마음 문을 열
어 줘야 인격적인 예수님
이 내 마음속에 들어오십
니다.

예수님을 인격적으로 마음속에 영접하면 하나님의 자녀가 되는
권세를 받을 수 있습니다.

예수님을 인격적으로 마음속에 영접하여 하나님의 자녀가 되고
싶습니까? 그럼 저를 따라서 기도하시면 됩니다.

[영접 기도문]

"하나님, 저는 죄인입니다. 하나님을 떠나 제 맘대로 살았습니다. 지옥에 가야 마땅한 죄인입니다. 그런데 예수님이 제 죄를 대신 지시고 십자가에서 피흘려 죽으신 것을 믿고 감사드립니다. 주 예수님, 이 시간, 제 마음의 문을 엽니다. 제 마음속에 들어오십시오. 모든 죄를 사해주시고 하나님의 자녀 삼아 주옵소서. 제 인생의 주인이 되어 주옵소서. 예수님 이름으로 기도드립니다."

* 이 기도를 믿음으로 하셨다면 기도대로 되었습니다.

지금 예수님이 어디 계실까요?

하늘에? 예, 하늘에도 계시고 우리 마음속에도 계십니다.

내 마음속에 계신 것을 어떻게 알지요?

조금 전에 영접 기도하셨지요!

마음 문을 열고 마음속에 들어오시라고 기도하셨지요?

기도한대로 예수님이 내 마음속에 들어오셔서 내주해 계십니다.

예수님을 영접한 자에게 하나님 자녀의 권세를 주셨습니다.

이제 하나님의 아들, 딸들이 되었습니다. 하나님을 아버지라고 부를 수 있습니다.

이제 하나님 아버지를 한 번 불러 보십시다.

"하나님 아버지!"

[하나님 자녀의 권세]

이제 하나님의 자녀가 되었으니 하나님 아버지께 무엇이든지
기도로 구하여 받을 수 있습니다.

> "그 날에는 너희가 아무 것도 내게 묻지 아니하리
> 라 내가 진실로 진실로 너희에게 이르노니 너희가
> 무엇이든지 아버지께 구하는 것을 내 이름으로 주
> 시리라. 지금까지는 너희가 내 이름으로 아무 것도
> 구하지 아니하였으나 구하라. 그리하면 받으리니
> 너희 기쁨이 충만하리라"   (요16:23-24)

다음의 유머를 통해 예수님의 십자가 죽으심과 부활을 믿으시
기 바랍니다.

[예수가 누꼬?]

경상도 할머니 세 분이 이야기를 나누고 있었습니다.
한 할머니가 말했습니다.
"이보래, 예수가 죽었다 칸다!"
그랬더니 다른 할머니가 묻습니다.
"와 죽었다 카드노?"

"못에 찔려 죽었다 안 카나!"

"애구, 머리 풀어헤치고 댕길 때부터 알아봤다 아이가!"

이때 아무런 말도 하지 않던 할머니가 묻습니다.

"이 보래, 예수가 누꼬?"

"몰라 우리 메느리가 아부지 아부지 캐쌌는 거 보이 사돈 어른인 갑지 뭐!"

이 할머니의 대답에 다른 할머니가 물었습니다.

"그라모 사돈어른이 죽었는데 문상은 갔더나?"

"아니 안 갔데이!"

"왜 안 갔노?"

"갈라 캤더니 사흘 만에 살아낫따 카드라!"

다음의 유머를 통해 전도가 얼마나 시급한 일인지 깨달았으면 좋겠습니다.

[가장 억울하게 죽은 사람]

어느 날 중앙선을 침범한 트럭과 시내버스가 정면충돌하여 버스에 타고 있던 사람들이 많이 죽은 일이 있었습니다.

이 사고로 죽은 사람들 중에 누가 가장 억울하겠습니까?

1) 내일 결혼하기 위해 이발하고 목욕하고 오던 총각.

2) 졸다가 한 정거장 더 가는 바람에 죽은 사람.

3) 버스가 출발하는데도 억지로 달려와 문 두드려 열고
   간신히 탔던 사람.

4) 버스 번호를 잘못 보고 탔다가 죽은 사람.

물론 웃으려고 혹은 웃으라고 하는 이야기입니다.

그러나 이처럼 말도 안 되는 일들이 우리 곁에서 일어나고 있다
는 데 삶의 고통이 있습니다.

여러분, 이 사람들 중에 누가 제일 억울하겠습니까? 다 억울하
겠죠?

그런데 우리 예수 믿는 사람이 볼 때 제일 억울한 사람은 '예수
님을 안 믿고 죽어 지옥에 간 사람'입니다.

또한 전도받아 교회까지 왔지만 진정으로 예수님을 믿지 못해
다시 세상으로 간 사람은 더 억울하겠지요.

> "이르되 주 예수를 믿으라 그리하면 너와 네 집이
> 구원을 받으리라" (사도행전 16:31)
> "누구든지 주의 이름을 부르는 자는 구원을 받으리
> 라" (사도행전 2:21)

전도, 힘든 일이지만 가장 보람된 일입니다. 죽음으로 달려가는

자들을 살려내는 전도자가 다 되어야 합니다.

> "너는 말씀을 전파하라 때를 얻든지 못 얻든지 항
> 상 힘쓰라. 범사에 오래 참음과 가르침으로 경책하
> 며 경계하며 권하라" (디모데후서 4:2)

복음적이고 유머있는

새가족 공부

3과
성령님

제 3 과
항상 나와 함께하시는 분은 누구일까요?

1) 성령님을 왜 보내 주셨는가?

＊ 나와 함께해 주시기 위해서입니다.

"그러나 너희는 그를 아나니 그는 너희와 함께 거
하심이요. 또 너희 속에 계시겠음이라"

(요한복음 14:17하)

하나님이 만드신 자연의 신비를 생각하면 감동과 감격 그 자체
입니다. 밤하늘에 반짝이는 별들을 볼 때마다 어떻게 그 거대한
별들이 질서 있게 움직이는지를 생각하면 너무 신비롭습니다.

태양도 그렇습니다. 어떻게 그 많은 에너지를 끊임없이 내보낼
수 있는지 신기하기만 합니다. 태양 에너지는 창조 이후부터 지금
까지 변함이 없고 고갈되지 않고 있습니다. 그렇다고 더 많은 에
너지가 나오지도 않고 항상 일정하게 나오는 것입니다.

땅속의 원유도 어떻게 있게 되었는지 신기합니다.

자연현상과 모든 동식물들을 자세히 보면 신기하지 않은 것이

없습니다. 캥거루 주머니 안에 새끼가 들어있는 것도 신기합니다.
그런데 그 무엇보다도 비교할 수 없는 가장 신기한 것이 있습니다.

* 세상에서 가장 신기한 것

그것은 내 안에 성령님이 계시는 것입니다. 내 안에 성령님이 계
신다면 아무리 환경이 어려워도 두려워 할 것이 없습니다. 세상이
악하다고 물러서지 마십시오. 내가 성령님 안에 있으면 됩니다.

> "내가 너희를 고아와 같이 버려두지 아니하고 너희
> 에게로 오리라."(요한복음 14:18)

* 아프리카 속담에 이런 말이 있다고 합니다.

"길을 갈 때 빨리 가려면 혼자 가고, 멀리 가려면 함께 가라!"

정말 그렇죠. 잠시 길을 갈 때는 혼자서 후다닥 다녀오면 됩니
다. 그러나 긴 여행길에는 동행자가 있어야 합니다. 혼자 가면 외
롭고 위험하기 때문입니다.

우리 인생이 꼭 그렇습니다. 인생길은 긴 여행길과 같아서 혼자
가기에는 너무 외롭습니다. 그리고 너무 위험합니다.

그러므로 인생길에 함께 동행해 줄 사람이 필요합니다.

그래서 하나님이 우리에게 가족을 주시고 친구를 주신 것입니다. 세상에서 가장 불쌍한 사람은 혼자 살아가는 사람입니다. 그런데 정말 불쌍한 사람은 성령 하나님 없이 혼자 살아가는 영적 고아입니다.

성령님은 위로해 주시고 도와 주시는 분이십니다

* 정말 불쌍한 사람은 하나님 없이 살아가는 사람입니다.

하나님은 외롭고 위험한 인생길에서 위로해 주시고 도와 주십니다. 그런데 이런 사실을 모르는 채 영적으로 외로워하며 힘들게 살아가는 사람들이 많습니다. 참으로 안타까운 일입니다.

감사하게도 저와 여러분은 하나님의 선택을 받고 부르심을 받았습니다. 그래서 하나님이 우리 인생길에 함께해 주시고 도와주시는 축복을 받고 살아갑니다.

2) 성령님을 따라 살아야 합니다.

[유머]

양복을 입은 세 신사가 급하게 기차역으로 뛰어 들어갔습니다. 그들이 타야할 것으로 보이는 기차는 출발하기 직전이었습니다. 세 신사는 전력으로 플랫폼으로 달려갔습니다. 기차는 막 출발하려 했고, 세 신사 중 두 신사는 앞서 달리고 가방을 든 한 신사는 뒤처졌습니다.

결국 앞서 가던 두 신사는 겨우 기차를 탈 수 있었고, 뒤처진 신사는 기차를 타지 못한 채 남겨지고 말았습니다. 그런데 그 순간, 남겨진 신사가 배를 잡고 웃기 시작했습니다.

기차를 출발시킨 역무원이 의아하게 생각해서 물었습니다.

"선생님께서는 기차를 놓치셨는데 왜 웃으시는 것입니까?"

그러자, 그 신사가 이렇게 대답했습니다.

"기차를 탄, 저 두 사람은 기차를 탈 사람들이 아니고 나를 배웅 나온 사람들이에요!"

기차를 타지 말아야 할 사람들이 타고 말았습니다.

왜 이런 일이 일어났습니까? 너무 앞서간 것입니다. 오로지 기차를 놓치지 말아야 한다는 일념으로 달려가서 기차를 타고 말았던 것입니다.

성령님보다 앞서면 안 되는 것입니다. 내 열심으로, 내 힘으로만 하다 보면 이런 일이 생기는 것입니다.

무슨 일이든지 성령님을 따라 행해야 합니다.

(갈라디아서 5:16)

언제나 성령님과 동행하며 살아야 합니다.

항상 성령님의 인도를 받으며 살아야합니다.

(갈라디아서 5:18)

그리하면 성령의 열매를 맺는 삶을 살게 될 것입니다.

(갈라디아서 5:22)

성령님을 따라 행하면 보혜사 성령님이 모든 것을 가르쳐 주시고 모든 것을 생각나게 해 주시는 것을 체험하게 될 것입니다.

(요한복음 14:26)

하나님께 기도하여 성령님의 지혜와 아이디어와 영감을 받아 살면 각 분야에서 뛰어날 수 있습니다. 그렇게 되면 하나님의 살아계심을 주변에 나타낼 수 있습니다.

복음적이고 유머있는

새가족 공부

4과
천국

제 **4** 과
이 세상의 삶으로 끝일까요?

1) 천국은 정말 있을까요?

태어날 때에는 순서가 있지만 이 세상을 떠날 때에는 순서가 없습니다. 어린아이나 젊은이도 질병이나 사고나 재난으로 먼저 떠나게 됩니다.

이 세상에는 억울하게 죽는 일이나, 채 피지도 못하고 죽는 자나, 유능하고 똑똑한 사람이 먼저 죽는 경우도 있습니다.

이해할 수 없는 이런 일이 왜 일어날까요?

이 땅에서의 삶이 전부라면 이런 일이 일어나서는 안 되겠지요?

* 천국은 반드시 있습니다.

사람은 영혼과 육체로 되었습니다.

육체는 흙으로 지음 받았기 때문에 흙으로 돌아가게 되어 있습니다.

그러나 영혼은 불멸입니다. 천국 가서 영원히 사는 영생을 누리게 됩니다.

이 땅의 삶이 전부가 아니라 저 천국에서의 영원한 삶이 있기 때문에 이해할 수 없는 재난이나 사고들을 만나게 되는 것입니다.

이 땅의 삶이 전부가 아닌 것을 깨닫도록 하나님께서 허락하시는 것입니다.

* 천국은 어떤 곳일까요?

천국은 사고도, 슬픔도 없는 곳입니다. 질병도, 고통도 없는 곳입니다. 죽음도, 이별도 없는 곳입니다.

천국은 좋은 것만 있는 곳입니다.

천국은 기쁨과 평안이 계속되는 곳입니다. 천국은 영원히 사는 곳이며 영원한 영광을 누리는 곳입니다.

이 땅의 삶은 영원히 살 천국을 준비하며 사는 삶입니다.

우리는 잠시 사는 세상에서 영원히 살아야 할 천국에서의 삶을 준비하며 살아야 합니다.

그런데 오늘날 우리나라가 발전하여 너무 잘살게 되고 온갖 것을 누리는 편리한 시대에 살다 보니까, 내세와 천국에 대해 전혀 관심이 없고, 심지어 예수 믿는 성도들도 천국을 잊어버리고 사는 것 같습니다.

우리는 영원히 사는 것을 믿으며, 천국을 소망하며 살아야 하겠습니다.

2) 천국은 어떤 사람들이 갈까요?

천국은 착한 사람들이 가는 곳일까요? 착한 일 많이 하면 갈 수 있는 곳일까요? 결코 아닙니다.

자신의 선행이나 공로로 구원받는 것이 아니라 하나님의 은혜로 구원받아 천국 가는 것입니다.

모든 사람은 다 죄인입니다. 제일 큰 죄는 온 세상의 창조주이시며, 주관자이신 하나님을 떠나 사는 것입니다.

예수님은 구원자로 오셨습니다. 누구든지 예수님을 믿으면 죄 사함 받고 구원받아 천국 백성이 되는 것입니다.

천국은 죄 없는 사람이 가는 곳이 아니라 지은 죄를 용서받은 사람이 가는 곳입니다.

반대로 지옥은 죄를 많이 지은 사람이 가는 곳이 아니라 지은 죄를 용서받지 못한 사람이 가는 곳입니다.

무슨 죄든지, 아무리 많은 죄라도 예수님이 십자가에서 흘리신 피를 믿고 회개하면 다 용서받고 천국 가게 됩니다.

[유머]

한 할머니가 평생 처음으로 서울에서 광주로 가는 비행기를 탔습니다. 그런데 할머니가 탔던 일반석은 자리가 좁고 불편했습니다. 그런데 비행기 앞쪽을 보니 의자도 좋고 자리도 넓고 좋아 보였습니다.

할머니가 자리를 옮겨 앉으면서 말했습니다.

"워메, 자리도 넓고 좋은거... 겁나게 좋구먼!"

할머니가 1등석에 앉아 있는 걸 발견한 스튜어디스가 말했습니다.

"할머니, 여기는 1등석입니다. 원래 자리로 돌아가 주세요."

몇 번 말했는데도 듣지 않았습니다. 그러자 다른 스튜어디스가 와서 할머니 귀에 대고 속삭이며 말했습니다. 그러자 할머니가 일어나 번개같이 할머니 자리로 돌아가셨답니다.

뭐라고 말했을까요?

"할머니 여기 앞자리는 부산 가는 자리이고, 뒤쪽에 있는자리가 광주로 가는 자리예요!"

＊ 지금 여러분이 앉으신 자리는 어디 가는 자리입니까?

천국 가는 자리이지요.

천국 가는 자리를 빼앗기지 않아야 합니다.

3) 천국은 어떻게 갈까요?

죽고 난 후에는 이미 늦습니다. 죽은 후에는 기회가 없습니다.
 살아 있을 때 예수 믿고 구원받아 하나님의 자녀가 되면 천국 갈
수가 있습니다.

[유머]
여러분, 식사할 때 무엇부터 잡습니까? 숟가락입니까?
 젓가락입니까? 어느 것부터 잡든지 아무 상관이 없습니다. 먼저
자리부터 잡아야 합니다.
 고급 음식점일수록 주말이면 더욱 미리 예약해서 자리를 잡아
야 합니다. 아무리 돈 많이 가져가도 미리 예약(티켓팅) 안 해 놓
으면 자리 없다고 나가라고 하지요.
 해외여행을 갈 때도 비행기 좌석을 미리 예약(티켓팅)해서 자리
를 잡아놓아야 합니다.
 마찬가지로 천국에 가기 위해서도 미리 자리를 잡아놓아야 합
니다.
 천국 가는 자리를 미리 잡는 것은 바로 구원자 예수님을 믿는 것
입니다.

"주 예수를 믿으라 그리하면 너와 네 집이 구원을
받으리라" (행 16::31)

예수님을 믿는다는 것은 예수님의 이름을 부르는 것입니다.
"누구든지 주의 이름을 부르는 자는 구원을 받으리
라." (행 2:21)

예수님을 믿고 천국 백성이 되어 이 땅에서도 평안을 누리며 살
고, 천국 가서도 영광스러운 삶을 영원히 살 수 있기를 바랍니다.

복음적이고 유머있는

새가족 공부

5과
교회생활

제 **5** 과
교회생활을 어떻게 해야 할까요?

1) 정기적으로 예배에 참석해야 합니다.

* 왜 예배를 드려야 합니까?

하나님은 예배하는 자를 찾으십니다.

> "아버지께 참되게 예배하는 자들은 영과 진리로 예
> 배할 때가 오나니, 곧 이 때라 아버지께서는 자기에
> 게 이렇게 예배하는 자들을 찾으시느니라."
>
> (요한복음 4:23)

예배시간은 하나님을 깊이 만나는 시간입니다.

예배시간은 죄를 회개하고 용서받는 기쁨을 얻는 시간입니다.

예배시간은 세상의 무거운 짐을 다 내려놓고 하늘의 평안을 누리는 시간입니다.

예배시간은 말씀을 통해 문제해결 받고 소망을 얻는 시간입니다.

2) 성도의 교제를 나누어야 합니다.

* 왜 교회를 다녀야 합니까?
  신앙생활은 혼자하는 것이 아닙니다.

서로 어울려 교제하고 마음과 힘을 모아 하나님이 기뻐하시는 일을 해야 합니다.

> "그들이 사도의 가르침을 받아 서로 교제하고 떡을
> 떼며 오로지 기도하기를 힘쓰니라."
> (사도행전 2:42)
> "이로써 네 믿음의 교제가 우리 가운데 있는 선을
> 알게 하고 그리스도께 미치도록 역사하느니라."
> (빌레몬 1:4)

3) 교회생활에서 소통이 잘되도록 해야 합니다.

교회 생활에 잘 적응하고 정착하려면 소통이 잘돼야 합니다.

[유머]
어느 유치원에서 아이들이 화장실가고 싶을 때 고상한 말을 쓰

기로 하였습니다.

그래서 남자아이든 여자아이든 화장실 가고 싶으면 "선생님, 휘파람이 불고 싶어요!" 라고 하기로 하였습니다.

어느 날, 한 아이가 집에 와서 밤에 엄마 아빠와 잠을 자는데 오줌이 마려웠습니다.

"아빠, 휘파람이 불고 싶어요!"

"한밤중에 무슨 휘파람을 부니? 그냥 자!"

그러자 아이는 그냥 잤습니다.

그러다 얼마 후에 다시 아빠에게 말했습니다.

"아빠, 휘파람이 불고 싶어요!"

"내일 아침에 불어, 그냥 참고 자자!"

아이는 꾹 참았습니다. 그러나 얼마 안 가 정말 참지 못할 지경이 되었습니다.

"아빠, 휘파람 안 불고는 잠 못 자요!"

아빠 생각에 휘파람 못 불게 하면 잠을 못 자게 할 것 같아서 아이에게 말합니다.

"그럼, 아빠 귀에 대고 살짝 불어라!"

왜 이런 일이 생깁니까? 소통이 안 되었기 때문입니다.

유치원 선생님과는 소통이 되는데 집에 있는 엄마 아빠와는 소통이 안 되고 있는 것입니다.

새가족이 교회생활에서 소통이 잘 되었으면 좋겠습니다.

먼저 하나님과 소통이 잘 되었으면 좋겠습니다.

(이사야 55:6 ; 요한복음 14:26 ; 로마서 8:26)

기도와 말씀 그리고 찬송으로 하나님과 잘 소통하며 사시기 바랍니다. 그리고 다른 사람과도 소통을 잘 이루었으면 좋겠습니다. (요한일서 3:14,17)

사랑과 이해 그리고 포용함으로 사람들과 소통을 잘 이루며 신앙생활 하시기 바랍니다.

4) 교회를 통해 평안과 행복을 누립니다.

교회는 하늘나라의 모형입니다.

교회 생활 중에 천국의 평안을 맛보며 누릴 수 있습니다.

"또 오셔서 먼 데 있는 너희에게 평안을 전하시고 가까운 데 있는 자들에게 평안을 전하셨으니"

(에베소서 2:17)

"육신의 생각은 사망이요 영의 생각은 생명과 평안이니라."(로마서8:6)

교회생활을 통해 참 행복을 누릴 수 있습니다.

세상에서 얻는 것으로는 참 만족과 참 행복을 누릴 수 없습니다.

돈, 권세, 명예, 쾌락으로 얻는 기쁨은 일시적이며 결국 허무감을 느낄 수밖에 없습니다.

> "은을 사랑하는 자는 은으로 만족하지 못하고 풍요를 사랑하는 자는 소득으로 만족하지 아니하나니 이것도 헛되도다"(전도서 5:10)

> "이스라엘이여 너는 행복자로다. 여호와의 구원을 너 같이 얻은 백성이 누구뇨. 그는 너를 돕는 방패시오. 너의 영광의 칼이시로다."(신명기 33:29)

> "내가 오늘 네 행복을 위하여 네게 명하는 여호와의 명령과 규례를 지킬 것이 아니냐."
>
> (신명기 10:13)

5) 기도를 어떻게 할까요?

기도는 하나님과의 대화이며 교제입니다.

아버지나 친구와 이야기하듯이 자연스럽게 하고 싶은 말을 하나님 아버지께 하면 됩니다.

기도에 있어 가장 모범적인 기도문은 예수님이 가르쳐주신 주기도

문입니다. (마태복음 6:9-13)

처음 기도를 시작하실 때에는 주기도문을 참고하십시오.

"지금까지는 너희가 내 이름으로 아무것도 구하지 아니하였으나 구하라. 그리하면 받으리니 너희 기쁨이 충만하리라."

(요한복음 16:24)

"구하라 그리하면 너희에게 주실 것이요 찾으라. 그리하면 찾아낼 것이요 문을 두드리라. 그리하면 너희에게 열릴 것이니 구하는 이마다 받을 것이요 찾는 이는 찾아낼 것이요 두드리는 이에게는 열릴 것이니라."(마태복음 7:7-8)

새내기의 교회 생활

1) 교회생활에서 따뜻함을 느껴야 합니다.

여러분, 세상에서 가장 추운 바다는 어디일까요?

– 쌀쌀해, 싸늘해, 냉랭해, 썰렁해, 쓸쓸해이지요.

그렇지요. 아무리 난방이 잘된 따뜻한 곳에 있어도 사람이 쌀쌀맞
거나 싸늘하면 참으로 춥게 느껴지고, 분위기가 냉랭하거나 썰렁하
면 참으로 추위를 느끼게 되고, 사람이 혼자 외톨이로 있으면 쓸쓸
합니다. 또한 그 쓸쓸한 모습을 보게 되면 참으로 춥게 보여집니다.

그러면 세상에서 가장 따뜻한 바다는 어디일까요?

– 사랑해, 좋아해, 상냥해, 친절해, 따뜻해, 따스해이지요.

그렇습니다. 아무리 날씨가 추워도 서로 사랑하고 좋아하면 따뜻
하게 여겨집니다. 사람이 상냥하고 친절하면 참으로 따뜻하게 느껴
집니다.

추운 날씨에 따뜻하고 따스한 마음의 성도들이 되면 좋겠습니다.
(전도서 4:9-12 ; 요한일서 3:14, 17 ; 4: 11)

2) 교회 생활 하다가 열 받으면 안 됩니다.

앞의 유머를 들은 어느 집사님이 집에 가서 자기 남편에게 이 유머를 했어요, 남편으로부터 "사랑해!" 라는 말이 듣고 싶었습니다. 남편이 경상도 남자라 평생 살면서 "사랑해!" 라는 말 한마디 들어보지 못해서였습니다.

"여보, 세상에서 가장 추운바다는 어데일까예?"

"가장 추운 바다? 그거 북극해 아냐?"

"아니 그거 말고예!"

"몰라!"

"쌀쌀해, 싸늘해, 냉랭해 .... 이지예!"

"??... ..."

"그라믄예, 세상에서 가장 따뜻한 바다는 어데일까예?"

"가장 따뜻한 바다?"

잠시 생각하던 남편 왈,

"열바다!"

* 여러분, 교회 생활 하다가 열 받으면 안 됩니다.

열 받으면 혈압이 올라가고 뇌출혈로 쓰러집니다.

열 받지 않으려면 서로 사랑하시고 웃으세요.

3) 항상 기뻐하시므로 건강하고 행복을 누리세요.

"또 여호와를 기뻐하라. 그가 네 마음의 소원을 네게 이루어 주시리로다."(시편 37:4)

"마음의 즐거움은 얼굴을 빛나게 하여도 마음의 근심은 심령을 상하게 하느니라"(잠언 15:13)

"사람의 심령은 그의 병을 능히 이기려니와 심령이 상하면 그것을 누가 일으키겠느냐?"(잠언 18:14)

새내기의 감사 생활

[유머]

[우리 얼굴에 귀는 왜 두 개일까요?]

"감기 걸리면 마스크 걸라고"

"눈 나빠진 사람 안경 끼라고"

우리 얼굴에 콧구멍이 왜 두 개인 줄 아세요?

"하나 쑤시다 숨막히지 말라고"

"감기로 한쪽코가 막힐 때 한쪽 코로 숨쉬라고"

잘 보면 우리 몸은 그 자체로 감사 덩어리입니다.

만일 눈이 하나라면 윙크는 불가능할 것입니다. 팔이 하나라면 왼손잡이, 오른손잡이라는 말도 없을 것입니다. 다리가 하나라면 어떻게 다리를 꼬고 앉을 수 있겠습니까?

하나님께서 우리의 팔 길이를 왜 꼭 요만큼 길게 하셨을까요? 더 짧을 수도 있고 더 길 수도 있는데 말입니다.

[할머니의 감사기도]

손녀가 눈길에 미끄러져 다쳤다는 소식에 시골에서 급하게 올라오신 할머니는 풀이 죽어있는 손녀를 보고는 함께 기도하자고 하셨답니다.

"하나님 아부지예, 우리 손녀가 대갈빡(?)이 뽀사지지 않고 팔이 부러져서 감사합니다.

또 다리몽댕이(?)가 부러지지 않고 팔이 부러져서 감사하고, 궁둥이뼈(?)가 다치지 않아 감사합니다. 또한 밥 먹는 팔이 아니라 왼쪽 팔을 다쳐 감사하고...."

비장한 마음으로 두 손을 꼭 잡고 기도를 하던 모녀는 할머니의 유머러스한 감사 기도를 끝까지 듣지 못하고 박장대소 포복절도로 웃음보가 터졌다고 합니다.

할머니의 말투도 말투지만, 기도 내용이 긍정과 감사로 가득찬 것이 인상적입니다.

[구역장님의 감사]

지방 소도시 어느 교회에 구역장님이 구역 예배를 마치고 밤중에 집에 오다가 갑자기 용변이 급했습니다. 집은 멀고 배를 움켜잡고 이리 저리 화장실을 찾았지만 인심도 고약하게 전부 자물쇠로 잠가 놓았습니다. 옷에 쌀 것 같아 안절부절못하고 있었는데, 길 건너편에 보니 농협 24시 현금 출납창구가 보여 무작정 뛰어 들어가 마침 아무도 없어서 신문지를 깔아놓고 큰 것을 보았습니다.

기독인의 양심에 그냥 나올 수 없어 신문지로 잘 포장을 하여 집에 가지고 가려고 손에 들고 문을 열고 나오는데 마침 밖에서 검은 오토바이가 소리도 요란하게 다가와 갑자기 구역장의 신문지에 포장한 것을 돈 뭉치로 착각하여 낚아채더니 번개처럼 달아났습니다.

그때 구역장 집사님이 하는 말,

"주여, 급한 용변 처리도 잘하게 해주시고 뒤처리 까지 잘해 주시니 감사 감사합니다."

"항상 기뻐하라, 쉬지 말고 기도하라. 범사에 감사
하라.
이것이 그리스도 예수 안에서 너희를 향하신 하나
님의 뜻 이니라"
(데살로니가전서 5:16-18)

주기도문

(주님이 가르쳐 주신 기도문)

하늘에 계신 우리 아버지여, 이름이 거룩히 여김을 받으시오며, 나라가 임하시오며, 뜻이 하늘에서 이루어진 것 같이 땅에서도 이루어지이다.

오늘 우리에게 일용 할 양식을 주시옵고, 우리가 우리에게 죄 지은 자를 사하여 준 것 같이 우리 죄를 사하여 주시옵고, 우리를 시험에 들게 하지 마시옵고 다만 악에서 구하시옵소서.

나라와 권세와 영광이 아버지께 영원히 있사옵나이다. 아멘.   (마태복음 6:9-13)

Our Father in Heaven, Hollowed be your name, Your kingdom come, Your will be done on earth as it is in Heaven.Give us today our daily bread.

Forgive us our dets, as we also have forgiven our debtors.

And lead us not into temptation, but deliver us from the evil one. For yours is the kingdom and the power and the glory, Forever. Amen.

사 도 신 경

(사도들의 신앙고백 : 8가지를 믿는다는 고백)

1) 나는 전능하신 아버지 하나님 천지의 창조주를 믿습니다.

2) 나는 그의 유일하신 아들 우리 주 예수 그리스도를 믿습니다.

그는 성령으로 잉태되어 동정녀 마리아에게서 나시고,

본디오 빌라도에게 고난을 받아 십자가에 못 박혀 죽으시고,

하늘에 오르시어 전능하신 아버지 하나님 우편에 앉아 계시다가,

거기로부터 살아 있는 자와 죽은 자를 심판하러 오십니다.

3) 나는 성령을 믿으며,

4) 거룩한 공교회와

5) 성도의 교제와

6) 죄를 용서받는 것과

7) 몸의 부활과

8) 영생을 믿습니다.   아멘

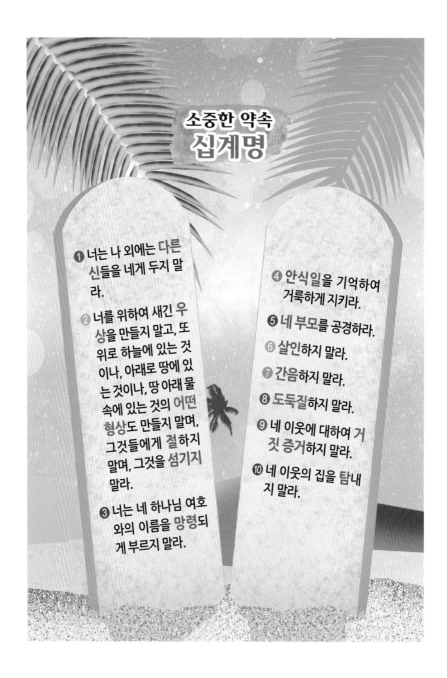

소중한 약속
십계명

❶ 너는 나 외에는 다른 신들을 네게 두지 말라.

❷ 너를 위하여 새긴 우상을 만들지 말고, 또 위로 하늘에 있는 것이나, 아래로 땅에 있는 것이나, 땅 아래 물 속에 있는 것의 어떤 형상도 만들지 말며, 그것들에게 절하지 말며, 그것을 섬기지 말라.

❸ 너는 네 하나님 여호와의 이름을 망령되게 부르지 말라.

❹ 안식일을 기억하여 거룩하게 지키라.

❺ 네 부모를 공경하라.

❻ 살인하지 말라.

❼ 간음하지 말라.

❽ 도둑질하지 말라.

❾ 네 이웃에 대하여 거짓 증거하지 말라.

❿ 네 이웃의 집을 탐내지 말라.

세상에서 방황할때

1.세상에 서 방황할 때 나 - 주 님을몰랐네 내망
2.많은 사 랑찾아와 서 나의친 구가되어도 병든
3.이죄인 의 애통함 을 예수께 서들으셨네 못자
4.내모든 죄 무거운 짐 이젠모 두다벗었네 우리

대 로고집하 며온갖죄 를저질렀네 예수여 이죄인
몸 과상한마 음위로받 지못했다오 예수여 이죄인
국 난사랑의 손나를어 루만지셨네 내주여 이죄인
주 님예수께 서나와항 께계신다오 내주여 이죄인

도 용서받을수있 - 나요 벌레만 도못한내가 용서
을 불쌍히여겨주 - 소서 의지할 것없는이몸 위로
이 다시눈물흘립 - 니다 오내주 여나이제는 아무
이 무한감사드립 - 니다 나의몸 과영혼까지 주를

받 을수있나 요 다 주를위 해바칩니 다
받 기원합니 다
격 정없습니 다
위 해바칩니

나의 힘이 되신 여호와여

내게 강같은 평화

아버지 사랑합니다

Scott Brenner

아 버 지 - 사 랑 합 니 다 - 아 버 지 - 경 배 합 니 다 -
예 수 님 - 사 랑 합 니 다 - 예 수 님 - 경 배 합 니 다 -
성 령 님 - 사 랑 합 니 다 - 성 령 님 - 경 배 합 니 다 -

아 버 지 - 채 워 주 소 서 - 당 신 의 -
예 수 님 - 채 워 주 소 서 - 당 신 의 - 사 랑 - 으 로 -
성 령 님 - 채 워 주 소 서 - 당 신 의 -

61

저 자 약 력

김병수 목사

- 고신대 신학대학원 (목회학석사)
- 리버티 신학대학원 (목회학박사)
- 국제복지신학교 교수
- 부산대학교 평생교육원 웰빙유머강사 역임
- 동의대학교 평생교육원 웰빙유머강사 역임
- 웃음치료사(국제웃음치료사 1급)
- PBM 성령치유 사역자
- 성령치유 부흥사
- 부산샘물교회 담임
- 저자 연락처 010-5550-5482